AF482729

Paul Lafargue

Das Recht auf Faulheit
(Widerlegung des "Rechts auf Arbeit" von 1848)

e-artnow 2018

Wladimir Iljitsch Lenin
Was tun?

Johann Most
**Anarchistische Werke:** Die freie Gesellschaft + Die Anarchie + Die Gottespest + Die Eigentumsbestie + Der kommunistische Anarchismus

Tommaso Campanella
**Sonnenstaat:** Idee eines philosophischen Gemeinwesens

Johann Most
**Gesammelte Werke:** Anarchistische Schriften + Atheistische Essays + Politische Werke

Erich Mühsam
**Gesammelte politische Werke:** Parlamentarischer Kretenismus + Die Anarchisten + Tagebuch aus dem Gefängnis + Appell an den Geist + Anarchie + Kulturfaschismus und mehr

Erich Mühsam
Die Befreiung der Gesellschaft vom Staat - Was ist kommunistischer Anarchismus?

Georg Herwegh
Gesammelte Werke: Erste Gedichte + Gedichte eines Lebendigen + Aufsätze

Leopold von Ranke
Gesammelte politische Schriften

Friedrich Engels
Der deutsche Bauernkrieg

Rosa Luxemburg
Sozialreform oder Revolution? - Miliz und Militarismus

*Paul Lafargue*

# Das Recht auf Faulheit (Widerlegung des "Rechts auf Arbeit" von 1848)

Ein verderbliches Dogma + Der Segen der Arbeit + Was aus der Überproduktion folgt + Ein neues Lied, ein besseres Lied

*Translator: Eduard Bernstein*

e-artnow, 2018
Kontakt: info@e-artnow.org

ISBN 978-80-273-1960-2

# Inhaltsverzeichnis

# Vorwort

Im Jahre 1849 sagte Herr Thiers als Mitglied der Kommission für den Elementarschulunterricht: "Ich will den Einfluß des Klerus zu einem allgemeinen machen, weil ich auf ihn rechne in der Verbreitung jener gesunden Philosophie, die den Menschen lehrt, daß er hier ist, um zu leiden, und nicht jener anderen Philosophie, die im Gegenteil zum Menschen sagt: Genieße!" Herr Thiers formulierte damit die Moral der Bourgeoisie, deren brutaler Egoismus und deren engherzige Denkart sich in ihm verkörperte.

Als das Bürgertum noch gegen den von der Geistlichkeit unterstützten Adel ankämpfte, pflanzte es das Banner der freien Forschung und des Atheismus auf; kaum aber hatte es sein Ziel erreicht, so änderte es Ton und Haltung; und heute sehen wir es bemüht, seine ökonomische und politische Herrschaft auf die Religion zu stützen. Im 15. und 16. Jahrhundert hatte es fröhlich die Überlieferungen des Heidentums aufgegriffen und das Fleisch und dessen Leidenschaften, diesen "Greuel" in den Augen der christlichen Moral, verherrlicht; heute dagegen, wo es in Reichtum und Genüssen aller Art fast erstickt, will es von den Lehren seiner Denker, der Rabelais und Diderot, nichts wissen und predigt den Lohnarbeitern Enthaltsamkeit. Die kapitalistische Moral, eine jämmerliche Kopie der christlichen Moral, belegt das Fleisch des Arbeiters mit einem Bannfluch: Ihr Ideal besteht darin, die Bedürfnisse des Produzenten auf das Minimum zu reduzieren, seine Genüsse und seine Leidenschaften zu ersticken und ihn zur Rolle einer Maschine zu verurteilen, aus der nun ohne Rast und ohne Dank Arbeit nach Belieben herausschindet.

Die revolutionären Sozialisten sind somit vor die Aufgabe gestellt, den Kampf, den einst die Philosophen und Satiriker des Bürgertums gekämpft, wieder aufzunehmen: sie haben wider die Moral und die Soziallehren des Kapitalismus Sturm zu laufen und in den Köpfen der zur Aktion berufenen Klasse die Vorurteile auszurotten, welche die herrschende Klasse gesät hat; sie haben allen Moralitätsheuchlern gegenüber zu verkünden, daß die Erde aufhören wird, das Tal der Tränen für die Arbeiter zu sein, daß in der kommunistischen Gesellschaft, die wir errichten werden - "wenn es geht, friedlich, wenn nicht, mit Gewalt" -, die menschlichen Leidenschaften freien Spielraum haben werden, da alle "von Natur aus gut sind, wir nur ihren falschen und übermäßigen Gebrauch zu vermeiden haben".[1] Und das wird nur durch das freie Gegenspiel der Leidenschaften und die harmonische Entwicklung des menschlichen Organismus erreicht, "denn", sagt Dr. Beddoe, "erst wenn eine Rasse das Maximum ihrer physischen Entwicklung erreicht, erreicht sie auch den höchsten Grad von moralischer Kraft und Energie". Das war auch die Meinung des großen Naturforschers Charles Darwin.[2]

Die Widerlegung des Rechts auf Arbeit, die ich mit einigen zusätzlichen Anmerkungen neu herausgebe, erschien in der Zeitschrift *L'Egalité* von 1880.

Gefängnis Sainte-Pélagie, 1883.
Paul Lafargue

# I
# Ein verderbliches Dogma

> Laßt um faul in allen Sachen,
> Nur nicht faul zu Lieb' und Wein,
> Nur nicht faul zur Faulheit sein.
> Lessing

Eine seltsame Sucht beherrscht die Arbeiterklasse aller Länder, in denen die kapitalistische Zivilisation herrscht. Diese Sucht, die Einzel- und Massenelend zur Folge hat, quält die traurige Menschheit seit zwei Jahrhunderten. Diese Sucht ist die Liebe zur Arbeit, die rasende, bis zur Erschöpfung der Individuen und ihrer Nachkommenschaft gehende *Arbeitssucht*. Statt gegen diese geistige Verirrung anzukämpfen, haben die Priester, die Ökonomen und die Moralisten die Arbeit heiliggesprochen. Blinde und beschränkte Menschen, haben sie weiser sein wollen als ihr Gott; schwache und unwürdige Geschöpfe, haben sie das, was ihr Gott verflucht hat, wiederum zu Ehren zu bringen gesucht. Ich, der ich weder Christ noch Ökonom, noch Moralist zu sein behaupte, ich appelliere von ihrem Spruch an den ihres Gottes, von den Vorschriften ihrer religiösen, ökonomischen oder freidenkerischen Moral an die schauerlichen Konsequenzen der Arbeit in der kapitalistischen Gesellschaft.

In der kapitalistischen Gesellschaft ist die Arbeit die Ursache des geistigen Verkommens und körperlicher Verunstaltung. Man vergleiche die von einer ganzen Schar zweihändiger Knechte bedienten Vollblutpferde in den Ställen eines Rothschild mit den schwerfälligen normannischen Gäulen, welche das Land beackern, den Mistwagen ziehen und die Ernte einfahren müssen. Man betrachte den stolzen Wilden, wenn ihn die Missionare des Handels und die Handlungsreisenden in Glaubensartikeln noch nicht durch Christentum, Syphilis und das Dogma von der Arbeit korrumpiert haben, und dann vergleiche man mit ihnen unsere abgerackerten Maschinensklaven.[3]

Will man in unserem zivilisierten Europa noch eine Spur der ursprünglichen Schönheit des Menschen finden, so muß man zu den Nationen gehen, bei denen das ökonomische Vorurteil den Haß wider die Arbeit noch nicht ausgerottet hat. Spanien, das jetzt allerdings auch aus der Art schlägt, darf sich noch rühmen, weniger Fabriken zu besitzen als wir Gefängnisse und Kasernen; aber des Künstlers Auge weilt bewundernd auf dem kühnen, kastanienbraunen, gleich Stahl elastischen Andalusier; und unser Herz schlägt höher, wenn wir den in seiner durchlöcherten *Capa* majestätisch drapierten Bettler einen Herzog von Ossuna mit *amigo* traktieren hören. Für den Spanier, in dem das ursprüngliche Tier noch nicht ertötet ist, ist die Arbeit die schlimmste Sklaverei.[4] Auch die Griechen hatten in der Zeit ihrer höchsten Blüte nur Verachtung für die Arbeit; den Sklaven allein war es gestattet zu arbeiten, der freie Mann kannte nur körperliche Übungen und Spiele des Geistes. Das war die Zeit eines Aristoteles, eines Phidias, eines Aristophanes, die Zeit, da eine Handvoll Tapferer bei Marathon die Horden Asiens vernichtete, welches Alexander bald darauf eroberte. Die Philosophen des Altertums lehrten die Verachtung der Arbeit, diese Herabwürdigung des freien Mannes; die Dichter besangen die Faulheit, dieses Geschenk der Götter:

> O Melibae, Deus nobis haec otia fecit.[5]

Christus lehrt in der Bergpredigt die Faulheit: "Sehet die Lilien auf dem Felde, wie sie wachsen; sie arbeiten nicht, auch spinnen sie nicht, und doch sage ich Euch, daß Salomo in all seiner Pracht nicht herrlicher gekleidet war."[6]

Jehovah, der bärtige und sauertöpfische Gott, gibt seinen Verehrern das erhabenste Beispiel idealer Faulheit: nach sechs Tagen Arbeit ruht er auf alle Ewigkeit aus.

Welches sind dagegen die Rassen, denen die Arbeit ein organisches Bedürfnis ist? Die Auvergnaten; die Schotten, diese Auvergnaten der Britischen Inseln; die Galizier, diese Auvergnaten

Spaniens; die Pommern, diese Auvergnaten Deutschlands; die Chinesen, diese Auvergnaten Asiens. Welches sind in unserer Gesellschaft die Klassen, welche die Arbeit um der Arbeit willen lieben? Die Kleinbauern und Kleinbürger, welche, die einen auf ihren Acker gebückt, die andern in ihren Butiken vergraben, dem Maulwurf gleichen, der in seiner Höhle herumwühlt, und sich nie aufrichten, um mit Muße die Natur zu betrachten.

Und auch das Proletariat, die große Klasse der Produzenten aller zivilisierten Nationen, die Klasse, die durch ihre Emanzipation die Menschheit von der knechtischen Arbeit erlösen und aus dem menschlichen Tier ein freies Wesen machen wird, auch das Proletariat hat sich, seine Instinkte verleugnend und seinen historischen Beruf verkennend, von dem Dogma der Arbeit verführen lassen. Hart und schrecklich war seine Züchtigung. Alles individuelle und soziale Elend entstammt seiner Leidenschaft für die Arbeit.

# II

## Der Segen der Arbeit

Im Jahre 1770 erschien in London eine anonyme Schrift, betitelt: *An essay on trade and commerce,*[7] die zu ihrer Zeit ein gewisses Aufsehen machte. Ihr Verfasser, ein großer Philanthrop, erboste sich darüber, daß "der englische Manufakturpöbel es sich in den Kopf gesetzt, daß ihm als Engländer durch das Recht der Geburt das Privileg zukomme, freier und unabhängiger zu sein als das Arbeitervolk in irgendeinem andren Lande von Europa. Nun, diese Idee, soweit sie auf die Tapferkeit unserer Soldaten einwirkt, mag von einigem Nutzen sein; aber je weniger die Manufakturarbeiter davon haben, desto besser für sie selbst und für den Staat. Arbeiter sollten sich nie für unabhängig von ihren Vorgesetzten halten... Es ist außerordentlich gefährlich, Mobs in einem kommerziellen Staat, wie dem unsrigen, zu ermutigen, wo vielleicht sieben Teile von den acht der Gesamtbevölkerung Leute mit wenig oder keinem Eigentum sind... Die Kur wird nicht vollständig sein, bis unsre industriellen Armen sich bescheiden, sechs Tage für dieselbe Summe zu arbeiten, die sie nun in vier Tagen verdienen."

So predigte man bereits hundert Jahre vor Guizot die Arbeit als einen Zügel für die edlen menschlichen Leidenschaften.

> "Je mehr meine Völker arbeiten, um so weniger Laster wird es geben", schrieb Napoleon am 5. Mai 1807 ausOsterode. "Ich bin die Autorität,... und ich wäre geneigt zu verfügen, daß sonntags nach vollzogenem Gottesdienst die Geschäfte wieder geöffnet werden und die Arbeiter wieder ihrer Beschäftigung nachgehen sollen."

Um die Faulheit auszurotten und um den Stolz und Unabhängigkeitssinn zu beugen, schlug der Verfasser des *Essay on trade* vor, die Armen in ideale Arbeitshäuser *(ideal workhouses)* einzusperren, die "Häuser des Schreckens sein müßten, in denen man 14 Stunden pro Tag in der Weise arbeiten sollte, daß nach Abzug der Mahlzeiten volle 12 Arbeitsstunden übrigbleiben".

12 Arbeitsstunden pro Tag, das Ideal der Philanthropen und Moralisten des 18. Jahrhunderts. Wie weit sind wir über dieses Nonplusultra hinaus! Die modernen Werkstätten sind ideale Zuchthäuser geworden, in welche man die Arbeitermassen einsperrt, und in denen man nicht nur die Männer, sondern auch die Frauen und Kinder zu zwölf- und vierzehnstündiger Zwangsarbeit verdammt![8] Und die Nachkommen der Schreckenshelden haben sich durch die Religion der Arbeit so weit degradieren lassen, daß sie 1848 das Gesetz, welches die Arbeit in den Fabriken auf 12 Stunden täglich beschränkte, als eine revolutionäre Errungenschaft entgegennahmen; sie proklamierten das *Recht auf Arbeit* als ein revolutionäres Prinzip.

Schande über das französische Proletariat! Sklaven nur sind einer solchen Erniedrigung fähig. 20 Jahre kapitalistischer Zivilisation müßte man aufwenden, um einem Griechen der heroischen Zeit eine solche Entwürdigung begreiflich zu machen!

Und wenn die Leiden der Zwangsarbeit über das Proletariat hereingebrochen sind, zahlreicher als die Heuschrecken der Bibel, so ist es dieses selbst gewesen, das sie heraufbeschworen.

Dieselbe Arbeit, welche die Proletarier im Juni 1848 mit den Waffen in der Hand forderten, haben sie ihrer Familie auferlegt; sie haben ihre Frauen, ihre Kinder den Fabrikbaronen ausgeliefert. Mit eigener Hand haben sie ihre häuslichen Herde zerstört, mit eigener Hand die Brüste ihrer Frauen trocken gelegt. Schwangere und stillende Frauen ließen sie in die Fabriken, in die Bergwerke gehen, wo dieselben ihre Nerven zerrütteten, ihr Rückgrat marterten; mit eigener Hand haben sie das Leben und die Kraft ihrer Kinder untergraben. - Schande über Euch, Proletarier! Wo sind jene Gevatterinnen hin mit keckem Mundwerk, frischem Humor und der Liebe zum göttlichen Wein, von denen unsere alten Märchen und Erzählungen berichten? Wo sind die Übermütigen hin, die stets herumtrippelnd, stets anbändelnd, stets singend, Leben säend, wenn sie sich dem Genusse hingaben, ohne Schmerzen gesunde und kräftige Junge zur Welt brachten? Heute haben wir Frauen und Mädchen aus der Fabrik, verkümmerte Blumen mit blassen Teint, mit Blut ohne Röte, mit krankem Magen und erschöpften Gliedmaßen! Ein gesundes Vergnügen haben sie nie kennengelernt und sie werden nicht lustig zu erzählen wissen, wie man sie eroberte. Und die Kinder? 12 Stunden Arbeit für die Kinder. O Elend! Alle Jules Simon von der Akademie der moralischen Wissenschaften, alle jesuitischen Germinys hätten kein den Geist der Kinder mehr verdummendes, ihr Gemüt mehr verderbendes, ihren Organismus mehr zerrüttendes Laster ersinnen können als die Arbeit in der verpesteten Atmosphäre der kapitalistischen Werkstätten.

Unser Jahrhundert wird das Jahrhundert der Arbeit genannt; tatsächlich ist es das Jahrhundert der Schmerzen, des Elends und der Verderbnis.

Und doch haben die bürgerlichen Ökonomen und Philosophen, von dem peinlich konfusen Auguste Comte bis zum lächerlich klaren Leroy-Beaulieu, die bürgerlichen Schriftsteller, von dem scharlatanhaft romantischen Victor Hugo bis zum naiv albernen Paul de Kock, samt und sonders ekelerregende Loblieder auf den Gott Fortschritt, den ältesten Sohn der Arbeit, angestimmt. Hört man sie, so meint man, das Glück müsse auf Erden herrschen, so sehr fühlt man schon seine Nähe. Sie durchwanderten die Jahrhunderte der früheren Zeiten, um den Staub und das Elend des Feudalismus zu durchwühlen und die Sonne der Gegenwart desto heller erstrahlen zu lassen. Wie sie uns gelangweilt haben, diese Gesättigten, diese Zufriedenen, jüngst noch Teil der Dienerschaft der großen Herren, heute fett besoldete Schriftlakaien der Bourgeoisie; haben sie uns nicht gelangweilt mit dem Landmann des Schönredners La Bruyère? Nun, wir wollen ihnen das glänzende Bild der proletarischen Genüsse im kapitalistischen Fortschrittsjahre 1840 zeigen, wie es von einem der ihrigen geschildert wird, dem Dr. Villermé, Mitglied des Instituts, der 1848 zu jenem Kreis von Gelehrten gehörte (Thiers, Cousin, Passy, der Akademiker Blanqui waren darunter), die den Massen die Plattheiten der Ökonomie und der bürgerlichen Moral beizubringen suchten.

Es ist das gewerblich entwickelte Elsaß, von dem der Dr. Villermé spricht, das Elsaß der Kastrier und Dollfus, dieser Blüten der Philanthropie und des industriellen Republikanismus. Aber bevor der Doktor das Bild des proletarischen Elends vor uns ausbreitet, wollen wir erst hören, wie ein elsässischer Manufakturist, Herr Th. Mieg vom Hause Dollfus, Mieg und Cie., die Lage des Handwerkers unter dem alten Gewerbesystem beschreibt:

> "Vor 50 Jahren (1813, als die moderne Maschinenindustrie im Entstehen begriffen war), waren in Mülhausen alle Arbeiter Kinder des Landes, sie bewohnten die Stadt und die umliegenden Dörfer und hatten fast jeder ein Häuschen und oft ein Stückchen Land."[9]

Das war das goldene Zeitalter des Arbeiters. Indes damals hatte die elsässische Industrie noch nicht die Weit mit ihren Kattunen überschwemmt und ihre Dollfus und Köchlin noch nicht zu Millionären gemacht. Aber 25 Jahre später, als Villermé das Elsaß besuchte, hatte der moderne Minotauros, die kapitalistische Fabrik, bereits das Land erobert; in seiner Gier nach menschlicher Arbeit hatte er die Arbeiter aus ihrem Heim gerissen, um sie besser zu schinden, ihnen besser die Arbeit, die sie enthielten, auspressen zu können. Zu Tausenden liefen die Arbeiter dem Pfeifen der Maschine nach.

> "Eine große Zahl", sagt Villermé, "fünftausend von siebzehntausend, waren infolge der teueren Mieten gezwungen, in den Nachbardörfern Wohnung zu nehmen. Einige wohnten 2 1/4 Wegstunden von der Fabrik entfernt, wo sie arbeiteten."

> "In Mülhausen, in Dornach, begann die Arbeit um fünf Uhr morgens und endete um acht Uhr abends, Sommer wie Winter...Man muß sie jeden Morgen in die Stadt kommen und jeden Abend abmarschieren sehen. Es gibt unter ihnen eine Menge bleicher, magerer Frauen, die barfüßig durch den Schmutz laufen und, wenn es regnet oder schneit, mangels eines Regenschirms ihre Schürzen oder

Unterröcke über den Kopf ziehen, um Hals und Gesicht zu schützen; und eine noch erheblichere Zahl nicht minder schmutziger und abgezehrter junger Kinder, in Lumpen gehüllt, die ganz fettig sind von dem Öl, das aus den Maschinen auf sie herabtropft, wenn sie arbeiten. Diese Kinder, welche die Undurchdringlichkeit ihrer Bekleidung besser vor dem Regen schützt, haben nicht einmal wie die Frauen einen Korb mit Lebensmitteln für den Tag im Arm, sondern sie tragen in der Hand oder verstecken unter ihrem Kittel oder wo sie sonst können, das Stück Brot, das sie ernähren muß, bis sie wieder nach Hause zurückkehren."

"So gesellt sich zu der Ermüdung durch einen übermäßig langen - denn er beträgt mindestens 15 Stunden - Arbeitstag für diese Unglücklichen noch die durch die langen, oft so beschwerlichen Wege. Infolgedessen kommen sie übermüdet nach Hause und gehen morgens, noch ehe sie ordentlich ausgeschlafen, fort, um pünktlich da zu sein, wenn die Fabrik geöffnet wird."

Und über die Quartiere, in denen diejenigen sich einpferchen mußten, die in der Stadt wohnten:

"Ich habe in Mülhausen, in Dornach und in den umliegenden Häusern jene elenden Zimmer gesehen, in denen zwei Familien schliefen, jede in einem Winkel auf Stroh, welches auf dem Fußboden ausgebreitet lag und nur durch zwei Bretter zusammengehalten wurde... Das Elend, in welchem die Arbeiter der Baumwollindustrie im Department Oberrhein leben, ist so groß, daß während in den Familien der Fabrikanten, Kaufleute, Werkdirektoren ungefähr 50 Prozent der Kinder das 21. Jahr erreichen, derselbe Prozentsatz in den Familien der Weberei- und Spinnereiarbeiter bereits vor vollendetem zweiten Jahre stirbt..."

Über die Arbeit in den Werkstätten fügt Villermé hinzu:

"Es ist keine Arbeit, keine Aufgabe, es ist eine Tortur, und man halst dieselbe Kindern von 6 bis 8 Jahren auf... Diese lange tägliche Qual ist es hauptsächlich, welche die Arbeiter in den Baumwollspinnereien entkräftet."

Und mit Bezug auf die Arbeitsdauer bemerkt Villermé, daß die Sträflinge in den Bagnos nur 10 Stunden, die Sklaven auf den Antillen nur 9 Stunden durchschnittlich arbeiteten, während in Frankreich, das die Revolution von 1789 gemacht, das die pomphaften *Menschenrechte* proklamiert hat, es Manufakturen gibt, wo der Arbeitstag 16 Stunden dauert, von denen den Arbeitern 1 1/2 Stunden Eßpausen bewilligt werden.[10]

O über diese jämmerliche Fehlgeburt der revolutionären Prinzipien der Bourgeoisie, über die kläglichen Geschenke ihres Götzen Fortschritt! Die Philanthropen nennen diejenigen, die, um sich auf leichte Art zu bereichern, den Armen Arbeit geben, Wohltäter der Menschheit - es wäre besser, man säte die Pest, man vergiftete die Brunnen, als inmitten einer ländlichen Bevölkerung eine Fabrik zu errichten. Führe die Fabrikarbeit ein, und adieu Freude, Gesundheit, Freiheit - adieu alles, was das Leben schön, was es wert macht, gelebt zu werden.[11]

Die Nationalökonomen werden nicht müde, den Arbeitern zuzurufen: Arbeitet, damit der Nationalreichtum wachse! Und doch war es einer der ihrigen, Destutt de Tracy, der da sagte: "Die armen Nationen sind es, wo das Volk sich wohlbefindet; bei den reichen Nationen ist es gewöhnlich arm."

Und sein Schüler Cherbulliez setzt hinzu: "Indem die Arbeiter zur Anhäufung produktiver Kapitalien mitwirken, fördern sie selbst den Faktor, der sie früher oder später eines Teils ihres Lohnes berauben wird."

Aber von ihrem eigenen Gekrächz betäubt und idiotisiert, erwidern die Ökonomen: Arbeitet, arbeitet, um eurer Wohlfahrt willen! Und im Namen der christlichen Milde predigt ein Pfaffe der anglikanischen Kirche, der Reverend Townsend: Arbeitet, arbeitet Tag und Nacht; indem ihr arbeitet, vermehrt ihr eure Leiden, und euer Elend enthebt uns der Aufgabe, euch gesetzlich zur Arbeit zu zwingen. Der gesetzliche Arbeitszwang macht "zu viel Mühe, fordert zu viel Gewalt und erregt zu viel Aufregung; der Hunger ist dagegen nicht nur ein friedlicher, geräuschloser, unermüdlicher Antreiber, er bewirkt auch, als die natürlichste Veranlassung zu Arbeit und Fleiß, die gewaltigste Anstrengung."

Arbeitet, arbeitet, Proletarier, vermehrt den Nationalreichtum und damit euer persönliches Elend. Arbeitet, arbeitet, um, immer ärmer geworden, noch mehr Ursache zu haben, zu arbeiten und elend zu sein. Das ist das unerbittliche Gesetz der kapitalistischen Produktion.

Dadurch, daß die Arbeiter den trügerischen Redensarten der Ökonomen Glauben schenken und Leib und Seele dem Laster Arbeit ausliefern, stürzen sie die ganze Gesellschaft in jene industriellen Krisen der Überproduktion, die den gesellschaftlichen Organismus in krankhafte Zuckungen versetzen. Dann werden wegen Überfluß an Waren und Mangel an Abnehmern die Werke geschlossen, und mit tausendsträhniger Geißel peitscht der Hunger die arbeitende Bevölkerung. Betört von dem Dogma der Arbeit sehen die Proletarier nicht ein, daß die Mehrarbeit, der sie sich in der angeblich guten Geschäftszeit unterzogen haben, die Ursache ihres jetzigen Elends ist, und anstatt vor die Getreidespeicher zu marschieren und zu schreien: "Wir haben Hunger, wir wollen essen!... Allerdings haben wir keinen roten Heller, aber ob wir auch Habenichtse sind, wir sind es gewesen, die das Korn eingebracht und die Traube gelesen haben" - anstatt die Lagerhäuser des Herrn Bonnet de Jujurieux, Erfinder der industriellen Klöster, zu belagern und zu rufen: "Hier, Herr Bonnet, sind eure Zwirnerinnen, Hasplerinnen, Spinnerinnen und Weberinnen, sie zittern vor Kälte in ihren geflickten Kattunlappen, daß ein Jude darüber Tränen vergießen könnte, und doch sind sie es, welche die seidenen Roben der Mätressen der gesamten Christenheit gesponnen und gewebt haben. Die Ärmsten konnten bei dreizehnstündiger Arbeit nicht an ihr Äußeres denken, jetzt feiern sie und können in der Seide, die sie verfertigt, selbst einherrauschen. Seit sie ihre Milchzähne verloren, haben sie für euch Reichtümer geschaffen und selbst dabei gedarbt; jetzt haben sie Pause und wollen daher auch ein wenig von den Früchten ihrer Arbeit genießen. Hierher, Herr Bonnet, Ihre Seidenwaren her, Herr Harmel wird seine Musseline auspacken, Herr Pouyer-Quertier seine Kalikos, Herr Pinet sein Stiefeletten für ihre teuren, kalten und feuchten Füßchen. - Von Kopf bis zu den Füßen eingekleidet und ausgelassen vor Freude, werden sie euch einen Anblick gewähren, wie ihr ihn nicht besser wünschen könnt. Nur keine Ausflucht, - Ihr seid ja doch Menschenfreunde, nicht wahr, und Christen, wie sie im Buche stehen? Stellt euren Arbeiterinnen die Vermögen zur Verfügung, die sie für euch an ihrem eigenen Leib abgedarbt haben. Ihr seid Freunde des Handels? - Fördert den Warenumsatz; hier habt ihr Konsumenten wie gerufen; eröffnet ihnen unbegrenzten Kredit. Ihr müßt dies ja auch gegenüber Geschäftsleuten tun, die ihr zeitlebens nicht gesehen, die euch absolut nichts geschenkt haben, nicht mal ein Glas Wasser. Eure Arbeiterinnen werden bezahlen, wie sie es können: Wenn sie am Fälligkeitstag gambettisieren und ihre Unterschrift platzen lassen, werdet ihr sie für bankrott halten, und wenn sie nichts zum Beschlagnahmen haben, werdet ihr verlangen, daß sie euch mit Gebeten bezahlen: Sie werden euch ins Paradies schicken, besser noch als eure Schwarzkittel, die in Saus und Braus leben."

Statt in den Zeiten der Krisis eine Verteilung der Produkte und allgemeine Belustigung zu verlangen, rennen sich die Arbeiter vor den Türen der Fabriken die Köpfe ein. Mit eingefallenen Wangen, abgemagertem Körper überlaufen sie die Fabrikanten mit kläglichen Ansprachen: "Lieber Herr Chagot, bester Herr Schneider, geben Sie uns doch Arbeit, es ist nicht der Hunger, der uns plagt, sondern die Liebe zur Arbeit!" -Und, kaum im-stande sich aufrechtzuhalten, verkaufen die Elenden 12 bis 14 Stunden Arbeit um die Hallte billiger als zur Zeit, wo sie noch Brot im Korbe hatten. Und die Herren industriellen Philanthropen benutzen die Arbeitslosigkeit, um noch billiger zu produzieren.

Wenn die industriellen Krisen auf die Perioden der Überarbeit mit derselben Notwendigkeit folgen wie die Nacht dem Tage und erzwungene Arbeitslosigkeit bei grenzenlosem Elend nach sich ziehen, so bringen sie auch den unerbittlichen Bankrott mit sich. Solange der Fabrikant

Kredit hat, läßt er der Arbeitswut die Zügel schießen, er pumpt und pumpt, um den Arbeitern den Rohstoff zu liefern. Er läßt drauflosproduzieren, ohne zu bedenken, daß der Markt überfüllt wird und daß, wenn er seine Waren nicht verkauft, er auch seine Wechsel nicht einlösen kann. Sitzt er endlich in der Patsche, fleht er den Juden an, wirft sich ihm zu Füßen, bietet ihm sein Blut, seine Ehre. "Ein klein wenig Gold würde ihm gut tun", antwortet der Rothschild, "Sie haben 20000 Paar Strümpfe auf Lager, die 20 Sous wert sind; ich werde sie für 4 Sous nehmen." Ist der Handel gemacht, so verkauft der Jude zu 6 und 8 Sous und steckt lebendige 100 Sousstücke, für die er keinem etwas schuldet, in die Tasche; der Fabrikant aber hat seinen Aufschub nur erlangt, um desto gründlicher zu verkrachen. Endlich tritt der allgemeine Zusammensturz ein und die Magazine laufen über; da werden dann so viel Waren aus dem Fenster herausgeworfen, daß man gar nicht begreifen kann, wie sie zur Tür hereingekommen sind. Nach Hunderten von Millionen beziffert sich der Wert der zerstörten Waren; im vorigen Jahrhundert verbrannte man sie oder warf sie ins Wasser.[12]

Bevor sie sich aber zu dieser Maßregel entschließen, durchlaufen die Fabrikanten die Welt auf der Suche nach Absatzmärkten für die Waren, die sie angehäuft; sie fordern die Annexion des Kongos, sie verlangen die Eroberung Tongkings, sie zwingen ihre Regierung, die Mauern Chinas mit Kanonen zu demolieren, nur damit sie ihre Baumwollartikel absetzen können. In den letzten Jahrhunderten kämpften England und Frankreich ein Duell auf Leben und Tod, wer von den beiden das ausschließliche Privileg haben werde, in Amerika und Indien zu verkaufen. Tausende junger kräftiger Männer haben in den Kolonialkriegen des 16., 17. und 18. Jahrhunderts mit ihrem Blut das Meer gefärbt.

Wie an Waren, so herrscht auch Überfluß an Kapitalien. Die Finanziers wissen nicht mehr, wo dieselben unterbringen; so machen sie sich denn auf, bei jenen glücklichen Völkern, die sich noch Zigaretten rauchend in der Sonne räkeln, Eisenbahnen zu bauen, Fabriken zu errichten und den Fluch der Arbeit zu importieren. Und dieser Kapitalexport endet eines schönen Tages mit diplomatischen Verwicklungen: in Ägypten wären sich Frankreich, England und Deutschland beinahe in die Haare geraten, um sich zu vergewissern, wessen Wucherer zuerst bezahlt werden, und mit Kriegen à la Mexiko, wo man die französischen Soldaten hinschickte, die Rolle von Gerichtsvollziehern zur Eintreibung fauler Schulden zu spielen.[13]

Diese persönliche und gesellschaftliche Misere, so groß und ewig sie auch erscheinen mag, wird verschwinden wie die Hyänen und die Schakale beim Herannahen des Löwen, sobald das Proletariat sagen wird: "Ich will es". Aber damit ihm seine Kraft bewußt wird, muß das Proletariat die Vorurteile der christlichen, ökonomischen und liberalistischen Moral überwinden; es muß zu seinen natürlichen Instinkten zurückkehren, muß die Faulheitsrechte ausrufen, die tausendfach edler und heiliger sind als die schwindsüchtigen Menschenrechte, die von den metaphysischen Advokaten der bürgerlichen Revolution wiedergekäut werden; es muß sich zwingen, nicht mehr als drei Stunden täglich zu arbeiten, um den Rest des Tages und der Nacht müßig zu gehen und flott zu leben.

Bis hierher war meine Aufgabe leicht; ich hatte nur wirkliche, uns allen leider nur zu gut bekannte Übel zu schildern. Aber das Proletariat zu überzeugen, daß die Parole, die man ihm eingeimpft hat, pervers ist, daß die zügellose Arbeit, der es sich seit Beginn des Jahrhunderts ergeben hat, die schrecklichste Geißel ist, welche je die Menschheit getroffen, daß die Arbeit erst dann eine Würze der Vergnügungen der Faulheit, eine dem menschlichen Organismus nützliche Übung, eine dem gesellschaftlichen Organismus nützliche Leidenschaft sein wird, wenn sie weise reglementiert und auf ein Maximum von drei Stunden täglich beschränkt wird - das ist eine schwierige Aufgabe, die meine Kräfte übersteigt. Nur Physiologen, Hygieniker und kommunistische Ökonomen können sie unternehmen. In den nachfolgenden Zeilen werde ich mich auf den Nachweis beschränken, daß angesichts der modernen Produktionsmittel und ihrer unbegrenzten Vervielfältigungsmöglichkeit die übertriebene Leidenschaft der Arbeiter für die Arbeit matt gesetzt und es ihnen zur Pflicht gemacht werden muß, die Waren, die sie produzieren, auch zu verbrauchen.

# III
## Was aus der Überproduktion folgt

Ein griechischer Dichter aus der Zeit Ciceros, Antipatros, besang die Erfindung der Wasser-
mühle (zum Mahlen des Getreides) als Befreierin der Sklavinnen und Errichterin des goldenen
Zeitalters:

> "Schonet der mahlenden Hand, o Müllerinnen, und schlafet sanft! Es verkündet
> der Hahn euch den Morgen umsonst! Däo hat die Arbeit der Mädchen den
> Nymphen befohlen, und itzt hüpfen sie leicht über die Räder dahin, daß die
> erschütterten Achsen mit ihren Speichen sich wälzen, und im Kreise die Last
> drehen des wälzenden Steins. Laßt uns leben das Leben der Väter, und laßt uns
> der Gaben arbeitslos uns freun, welche die Göttin uns schenkt."

Ach die Zeit der Muße, die der heidnische Dichter verkündete, ist nicht gekommen; die blinde,
wahnsinnige und menschenmörderische Arbeitssucht hat die Maschine aus einem Befreiungsin-
strument in ein Instrument zur Knechtung freier Menschen umgewandelt: die Produktionskraft
der Maschine verarmt die Menschen.

Eine gute Arbeiterin verfertigt auf dem Handklöppel gerade fünf Maschen in der Minute; gewisse Klöppelmaschinen fertigen in derselben Zeit dreißigtausend. Jede Minute der Maschine
ist somit gleich hundert Arbeitsstunden der Arbeiterin, oder vielmehr, jede Minute Maschinen-
arbeit ermöglicht der Arbeiterin zehn Tage Ruhe. Was für die Spitzenindustrie gilt, trifft mehr
oder minder für alle durch die moderne Mechanik umgestalteten Industrien zu. Was sehen wir
aber? Je mehr sich die Maschine vervollkommnet und mit beständig verbesserter Schnelligkeit
und Präzision die menschliche Arbeit verdrängt, verdoppelt der Arbeiter, anstatt seine Ruhe
entsprechend zu vermehren, noch seine Anstrengungen, als wollte er mit den Maschinen wett-
eifern. O törichte und mörderische Konkurrenz!

Um der Konkurrenz zwischen Mensch und Maschine freien Lauf zu verschaffen, haben die
Proletarier die weisen Gesetze, welche die Arbeit der Handwerker der alten Zünfte beschränk-
ten, abgeschafft, die Feiertage unterdrückt.[14] Meint man aber, daß die Arbeiter, weil sie damals
von sieben Tagen der Woche nur fünf arbeiteten, nur von Luft und Wasser gelebt hätten, wie
die verlogenen Ökonomen uns vorerzählen? Geht doch! Sie hatten Mußezeit, um die irdischen
Freuden zu kosten, um zu lieben und zu scherzen, um vergnügt zu Ehren des lustigen Gottes
des Müßiggangs Tafel zu halten. Das grämliche, im Protestantismus verheuchelte England hieß
damals das "fröhliche England" (Merry England). Rabelais, Quevedo, Cervantes, die unbekann-
ten Verfasser der pikarischen Romane machen uns das Wasser im Munde zusammenlaufen mit
ihren Schilderungen jener monumentalen Schlemmereien,[15] mit denen man sich damals zwischen zwei Schlachten und zwei Verheerungen regalierte und in denen "nichts gespart ward".
Jordaens und die niederländische Schule haben sie uns auf ihren lebenslustigen Gemälden dar-
gestellt. Erhabene Riesenmägen, was ist aus euch geworden? Erhabene Geister, die ihr das ganze
menschliche Denken umfaßtet, wo seid ihr hin? Wir sind durch und durch verzwergt und entar-
tet. Die vielen Entbehrungen, die Kartoffel, gefärbter Wein und der preußische Schnaps haben
in weiser Verbindung mit Zwangsarbeit unsere Körper erschlafft und unseren Geist verkleinert.
Und zur selben Zeit, wo der Mensch seinen Magen zusammenschnürt und die Produktivität
der Maschine von Tag zu Tag wächst, wollen uns die Ökonomen die Malthussche Theorie, die
Religion der Enthaltsamkeit und das Dogma der Arbeit predigen? Man sollte ihnen lieber die
Zunge ausreißen und den Hunden vorwerfen.

Da jedoch die Arbeiterklasse in ihrer Einfalt und Treuherzigkeit sich den Kopf hat verdrehen
lassen und sich mit ihrem naiven Ungestüm blindlings in Arbeit und Enthaltsamkeit gestürzt
hat, so sieht sich die Kapitalistenklasse zu erzwungener Faulheit und Üppigkeit, zur Unproduktivität und Überkonsum verurteilt. Und wenn die Überarbeit des Proletariers seinen Körper
abrackert und seine Nerven zerrüttet, so ist sie für den Bourgeois nicht minder fruchtbar an
Leiden.

Die Enthaltsamkeit, zu welcher sich die produktive Klasse hat verurteilen lassen, macht es der Bourgeoisie zur Pflicht, sich der Überkonsumtion der von dieser in Überzahl verfertigten Produkte zu weihen. Zu Anfang der kapitalistischen Produktion, vor etwa ein oder zwei Jahrhunderten, war der Bourgeois noch ein ordentlicher Mann von vernünftigen und friedlichen Sitten: er begnügte sich mit seiner Frau, wenigstens beinahe, er trank nur, wenn er Durst, und aß nur, wenn er Hunger hatte. Er überließ den Höflingen und Hofdamen die noblen Tugenden der Ausschweifung. Heute gibt es keinen Sohn eines Parvenü, der nicht glaubt, er müsse die Prostitution fördern und seinen Körper verquecksilbern, um der Schufterei, der sich die Arbeiter in den Quecksilberminen aussetzen, einen Sinn zu geben. Es gibt keinen Bourgeois, der sich nicht mit Trüffelkapaunen und mit verschifftem Laffite vollstopft, um die Geflügelzüchter von La Fleche und die Winzer des Bordelais zu fördern. Bei diesem Geschäft geht der Körper schnell zugrunde, die Haare werden dünner, die Zähne fallen aus, der Rumpf deformiert, der Bauch schwillt an, die Brust wird asthmatisch, die Bewegungen werden schwerfälliger, die Gelenke steif, die Glieder gichtig. Andere, die zu schwach sind, um die Anstrengung der Ausschweifung zu ertragen, aber mit der gehörigen Dosis philisterhafter Klugmeierei ausgestattet, dörren ihr Gehirn aus, wie die Garnier von der politischen Ökonomie oder die Acollas yon der juristischen Philosophie, und hecken dickbändige, schlafsuchterregende Bücher, um die Mußestunden von Schriftsetzern und Buchdruckern auszufüllen.

Die Frauen von Welt führen ein Märtyrerleben. Um die feenhaften Garderoben, bei deren Herstellung die Schneiderinnen sich die Schwindsucht an den Hals arbeiten, zu prüfen und zur Geltung zu bringen, schlüpfen sie den ganzen Tag von einer Robe in die andere; stundenlang liefern sie ihren hohlen Kopf Haarkünstlern aus, die um jeden Preis ihre Leidenschaft für die komplizierte Anordnung falscher Haare befriedigen wollen. Eingeschnürt in ihre Korsetts, die Füße in enge Stiefeletten gezwängt, den Busen in einer Weise entblößt, daß ein Gardeleutnant darüber rot werden könnte, drehen sie sich ganze Nächte hindurch auf ihren Wohltätigkeitsbällen, um einige Sous für die Armen zusammenzubringen. O ihr heiligen Dulderinnen!

Um ihrem doppelten gesellschaftlichen Beruf als Nichtproduzent und Überkonsument nachzukommen, hat die Bourgeoisie nicht nur ihren bescheidenen Bedürfnissen Zwang antun, die ihr seit zwei Jahrhunderten zur Gewohnheit gewordene Arbeitsamkeit sich abgewöhnen und sich einem zügellosen Luxus, der Anstopfung mit Trüffeln, sowie syphilitischen Ausschweifungen ergeben gemußt, sie mußte auch eine enorme Masse Menschen der produktiven Arbeit entziehen, um sich Mitesser zu verschaffen.

Einige Zahlen mögen beweisen, wie kolossal diese Brachlegung von produktiven Kräften ist. Nach dem Zensus von 1861 zählte die Gesamtbevölkerung von England und Wales 20066244 Personen, wovon 9776259 männlich und 10289965 weiblich. Zieht man hiervon ab, was zu alt oder zu jung zur Arbeit, die Frauen, jungen Personen und unproduktive Kinder, dann die *ideologischen* Berufe, wie Regierung, Polizei, Klerus, Stadtverwaltung, Arme, Prostitution, Künste, Wissenschaften etc., ferner alle, deren ausschließliches Geschäft der Verzehr fremder Arbeit in der Form von Grundrente, Zinsen, Dividenden etc., so bleiben in runder Zahl acht Millionen beiderlei Geschlechts und der verschiedenen Altersstufen, mit Einschluß sämtlicher in der Produktion, dem Handel, der Finanz etc. funktionierenden Kapitalisten. Von diesen acht Millionen kommen auf:

| | |
|---|---|
| Ackerbauarbeiter (mit Einschluß der Hirten und bei Pächtern wohnenden Ackersknechte und Mägde) | 1098261 |
| Arbeiter in Baumwoll-, Woll-, Flachs-, Hanf-, Seidefabriken und in Strickereien | 642607 |
| Arbeiter in Kohlen- und Metallbergwerken | 565835 |
| Arbeiter in Metallwerken (Hochöfen, Walzwerke etc.) | 396998 |

"Rechnen wir die in allen Textilfabriken Beschäftigten zusammen mit dem Personal der Kohlen- und Metallbergwerke, so erhalten wir 1208442; rechnen wir sie zusammen mit dem Personal aller Metallwerke und Manufakturen, so ist die Gesamtzahl 1039605, beidemal kleiner als die Zahl der modernen Haussklaven. Welch erhebendes Resultat der kapitalistisch exploitierten Maschinerie!"[16]

Zu dieser ganzen dienenden Klasse, deren Zahl den Höhegrad der kapitalistischen Zivilisation charakterisiert, müssen wir die zahlreiche Klasse der Unglücklichen hinzurechnen, die sich ausschließlich der Befriedigung der kostspieligen und sinnlosen Bedürfnisse der reichen Klassen widmen: Diamantschleifer, Spitzenarbeiterinnen, Luxusstickerinnen, Galanteriearbeiter, Modeschneider, Ausstatter der Lusthäuser etc.[17]

Einmal in der absoluten Faulheit versunken und von dem erzwungenen Genuß demoralisiert, gewöhnte sich die Bourgeoisie trotz der Übel, welche ihr daraus erwachsen, bald an ihr neues Leben. Mit Schrecken sah sie jeder Änderung der Dinge entgegen. Angesichts der jammervollen Lebensweise, der sich die Arbeiterklasse resigniert unterwarf, und der organischen Verkümmerung, welche die unnatürliche Arbeitssucht zur Folge hat, steigerte sich noch ihr Widerwille gegen jede Auferlegung von Arbeitsleistungen und gegen jede Einschränkung ihrer Genüsse.

Und just zu dieser Zeit setzten es sich die Proletarier, ohne der Demoralisation, welche sich die Bourgeoisie als eine gesellschaftliche Pflicht auferlegt hatte, im geringsten zu achten, in den Kopf, die Kapitalisten zwangsweise zur Arbeit anzuhalten. In ihrer Einfalt nahmen sie die Theorien der Ökonomen und Moralisten über die Arbeit für bare Münze und schickten sich an, die Praxis derselben den Kapitalisten zur Pflicht zu machen. Das Proletariat proklamierte die Parole: *"Wer nicht arbeitet, soll auch nicht* essen." Im Jahre 1831 erhob sich Lyon für *"Blei oder Arbeit'*; die Juni-Insurgenten von 1848 forderten das *Recht auf Arbeit,* und die Föderierten vom März 1871 bezeichneten ihren Aufstand als die *Revolution der Arbeit.*

Auf diese barbarischen Angriffe wider das bürgerliche Wohlleben und alle bürgerliche Faulheit konnten die Kapitalisten nur mit gewaltsamer Unterdrückung antworten; aber wenn sie auch diese revolutionären Ausbrüche zu unterdrücken vermochten, so wissen sie doch, daß selbst in dem Meere des vergossenen Blutes die absurde Idee des Proletariats, den Müßiggängern und Satten Arbeit aufzuerlegen, nicht ertränkt worden ist; und nur um dieses Unheil abzuwenden, umgeben sie sich mit Soldaten, mit Polizisten, Behörden und Kerkermeistern, die in einer mühseligen Unproduktivität erhalten werden. Heute kann niemand mehr über den Charakter der modernen Heere im unklaren sein; sie sind nur deshalb stehende, um den "inneren Feind" niederzuhalten. So sind die Festungen von Paris und Lyon nicht gebaut worden, um die Stadt nach außen zu verteidigen, sondern um Revolten zu unterdrücken. Ein Beispiel, gegen das es keinen Widerspruch gibt, ist Belgien, dieses Schlaraffenland des Kapitalismus. Seine Neutralität ist von den europäischen Mächten verbürgt, und trotzdem ist seine Armee, im Verhältnis zur Bevölkerungszahl, eine der stärksten. Ihre glorreichen Schlachtfelder aber sind die Ebenen des Borinage und von Charleroi; in dem Blute von unbewaffneten Bergleuten und Arbeitern pflegt der belgische Offizier seinen Degen zu taufen und seine Epauletten zu fischen. Die europäischen Nationen haben keine Volks- sondern Söldnerarmeen zum Schütze der Kapitalisten gegen die Wut des Volkes, das dieselben zu zehnstündiger Gruben- und Fabrikarbeit verdammen will.

Die Arbeiterklasse hat, indem sie sich den Bauch zusammengeschnürt hat, über Gebühr den Bauch der Bourgeoisie entwickelt, die zu Überkonsum verdammt ist.

Um sich diese schmerzhafte Arbeit zu erleichtern, hat die Bourgeoisie eine Masse Leute von der Arbeiterklasse abgezogen und sie, die bedeutend überlegener sind als jene, die in der nützlichen Produktion verblieben, ihrerseits zu Unproduktivität und Überkonsum verdammt. Aber so groß dieses Heer von unnützen Mäulern, so unersättlich auch seine Gefräßigkeit ist, so genügt es noch immer nicht, um alle Waren zu konsumieren, welche die durch das Dogma von der Arbeit verdummten Arbeiter wie Besessene erzeugen, ohne sie konsumieren zu wollen, ohne sich darum zu kümmern, ob sich überhaupt Leute finden, die sie konsumieren.

Und so besteht, angesichts der doppelten Verrücktheit der Arbeiter, sich durch Überarbeit umzubringen und in Entbehrungen dahinzuvegetieren, das große Problem der kapitalistischen Produktion nicht darin, Produzenten zu finden und ihre Kräfte zu verzehnfachen, sondern Konsumenten zu entdecken, ihren Appetit zu reizen und bei ihnen künstliche Bedürfnisse zu wecken.

Und da die europäischen Arbeiter, vor Hunger und Kälte zitternd, sich weigern, die Stoffe, die sie weben, zu tragen, den Wein, den sie ernten, zu trinken, so sehen sich die armen Fabrikanten genötigt, wie toll zu den Antipoden zu laufen und dort Leute zu suchen, die sie tragen und trinken. Hunderte von Millionen und Milliarden sind es, welche Europa jährlich nach allen vier Enden der Welt zu Völkern exportiert, die nicht wissen, was sie damit anfangen sollen.[18] Die erforschten Erdteile sind ihnen nicht ausgedehnt genug, daher brauchen sie jungfräuliches Land. Die Fabrikanten Europas träumen Tag und Nacht von Afrika, vom Saharameer, von der Sudanbahn; mit gespannter Aufmerksamkeit folgen sie dem Vordringen der Livingstone, der Stanley, der Du Chaillu, der de Brazza; offenen Mundes lauschen sie den wunderverheißenden Erzählungen dieser mutigen Reisenden. Welch unbekannte Wunder verbirgt nicht dieser "dunkle Erdteil"! Ganze Felder sind mit Elephantenzähnen besät, ganze Flüsse von Palmöl fließen in einem Bett von Goldsand dahin, Millionen von schwarzen Hintern, nackt wie der Schädel von Dufaure oder Girardin, harren des europäischen Kattuns, um den Anstand zu erlernen, harren der Schnapsflaschen und Bibeln, um die Tugenden der Zivilisation kennenzulernen.

Aber alles das reicht nicht: die Bourgeois, die sich anmästen, die Dienstbotenklasse, die zahlreicher ist als die produktive Klasse, fremde und barbarische Völker, die man mit europäischen Waren vollstopft - nichts, nichts vermag die Berge von Produkten zu erschöpfen, welche sich höher und gewaltiger als die Pyramiden Ägyptens auftürmen: die Produktivität der europäischen Arbeiter trotzt allem Konsum, aller Verschleuderung. Die Fabrikanten wissen in ihrer Verwirrung nicht mehr, wo den Kopf lassen, sie können nicht Rohstoffe genug auftreiben, um die wahnsinnige, ausufernde Leidenschaft ihrer Arbeiter für die Arbeit zu befriedigen. Gewisse Wollenfabrikanten kaufen schmutzige, halbverfaulte Lumpen ein und verfertigen daraus ein Tuch, das *Renaissance* genannt wird und so lange hält wie Wahlversprechen. Anstatt der Seidenfaser ihre Einfachheit und natürliche Geschmeidigkeit zu lassen, überläd man sie in Lyon mit Mineralsalzen, die ihr Gewicht geben, sie aber brüchig und wenig brauchbar machen. Alle unsere Produkte sind verfälscht, um ihren Absatz zu erleichtern und ihre Existenzdauer zu verkürzen. Unser Epoche sollte das *Zeitalter der Fälschung* genannt werden, wie die ersten Epochen der Menschheit die Namen *Steinzeit, Bronzezeit,* je nach dem Charakter ihrer Produktion erhielten. Ignoranten zeihen unsere frommen Fabrikanten des Betruges, während sie in Wahrheit nur der Gedanke beseelt, den Arbeitern, die sich nicht dazu entschließen können, mit gekreuzten Armen sich ihres Lebens zu freuen, Arbeit zu geben. Diese Fälschungen, die einzig und allein humanitären Rücksichten entspringen, jedoch den Fabrikanten, die sie praktizieren, famose Profite eintragen, sind zwar für die Qualität der Waren von verderblichster Wirkung, sind zwar eine unerschöpfliche Quelle von Vergeudung menschlicher Arbeit, aber sie kennzeichnen doch die geniale

Philanthropie unserer Bourgeois und die schreckliche Verkehrtheit der Arbeiter, die, um ihre lasterhafte Arbeitssucht zu befriedigen, die Herren Industriellen veranlassen, die Stimme ihres Gewissens zu ersticken und sogar die Gesetze der kaufmännischen Ehrbarkeit zu verletzen.

Und doch, trotz aller Überproduktion, trotz Warenfälschung überfluten die Arbeiter in immer wachsender Menge den Markt und rufen flehentlich: Arbeit! Arbeit! Ihre übergroße Zahl sollte sie veranlassen, ihre Leidenschaft zu zügeln – statt dessen treibt sie sie zur Raserei. Wo sich nur Aussicht auf Arbeit bietet, darauf stürzen sie sich. Sie arbeiten 12,14 Stunden, um sich nur so recht abschinden zu können; und tags darauf liegen sie wieder auf dem Pflaster und wissen nicht, wie ihre Arbeitssucht befriedigen. Jahr für Jahr treten in allen Industrien mit der Regelmäßigkeit der Jahreszeiten Stockungen ein; auf die für den Organismus mörderische Überarbeit folgt für zwei bis vier Monate absolute Ruhe, und - keine Arbeit, kein Bissen. Wenn denn nun das Arbeitslaster im Herzen der Arbeiter teuflisch eingewurzelt ist, wenn es denn alle anderen natürlichen Instinkte erstickt, und wenn andererseits die von der Gesellschaft erforderte Arbeitsmenge notwendigerweise durch den Konsum und die Menge des Rohmaterials begrenzt ist, warum in sechs

Monaten die Arbeit des ganzen Jahres verschlingen? Warum sie nicht lieber gleichmäßig auf die zwölf Monate verteilen, und jeden Arbeiter zwingen, sich das Jahr über täglich mit sechs oder fünf Stunden zu begnügen, anstatt sich während sechs Monaten mit täglich 12 Stunden den Magen zu verderben? Wenn ihnen ihr täglicher Arbeitsanteil gesichert ist, werden die Arbeiter nicht mehr miteinander eifersüchteln, sich nicht mehr die Arbeit aus der Hand und das Brot vom Mund wegreißen; dann werden sie, nicht mehr an Leib und Seele erschöpft, anfangen, die Tugenden der Faulheit zu üben.

Was die Arbeiter, verdummt durch ihr Laster, nicht einsehen wollen: man muß, um Arbeit für alle zu haben, sie rationieren wie Wasser auf einem Schiff in Not. Das haben sogar Industrielle im Interesse der kapitalistischen Ausbeutung selbst verlangt: eine gesetzliche Einschränkung der Arbeitszeit. Im Jahre 1860 erklärte einer der größten Fabrikanten des Elsaß, Herr Bourcart aus Gebweiler vor der gewerblichen Unterrichtskomission, daß "die Arbeit von 12 Stunden übermäßig ist und auf elf Stunden reduziert werden, daß sonnabends die Arbeit um 2 Uhr aufhören sollte. Ich empfehle diese Maßregel, obwohl sie auf den ersten Blick drückend erscheint; wir haben sie in unseren Etablissements seit vier Jahren versucht und stehen uns gut dabei; die Durchschnittsproduktion ist, anstatt zu fallen, gestiegen."

In seiner Studie *die Maschinen* zitiert Herr F. Passy folgenden Brief eines belgischen Großindustriellen, eines Herrn Ottevaere:

> "Obwohl unsere Maschinen dieselben sind wie die der englischen Spinnereien, produzieren sie doch nicht so viel wie sie sollten, und wie dieselben Maschinen in England produzieren, trotzdem dort täglich zwei Stunden weniger gearbeitet wird .... Wir arbeiten *zwei volle Stunden zuviel;* ich bin überzeugt, daß wenn wir statt 13 Stunden nur elf arbeiteten, wir ebenso viel und infolgedessen ökonomischer produzierten."

Aus anderer Quelle bestätigt Herr Leroy-Beaulieu, daß "ein großer belgischer Manufakturist die Beobachtung gemacht hat, daß die Wochen, in welche ein Feiertag fällt, keine geringere Produktion aufweisen als die gewöhnlichen Wochen."[19]

Was das durch die Moralisten versimpelte Volk nicht gewagt hat, hat eine aristokratische Regierung gewagt. Unbekümmert um die hochmoralischen und wirtschaftlichen Einwände der Ökonomen, die gleich Unglücksraben krächzten, daß die Fabrikarbeit um eine Stunde herabsetzen den Ruin der englischen Industrie dekretieren hieße, hat die englische Regierung die zehnstündige Arbeitszeit gesetzlich eingeführt; und nach wie vor ist England das erste Industrieland der Welt.

Die große Erfahrung Englands liegt vor, die Erfahrung einiger intelligenter Kapitalisten liegt vor: sie beweisen unwiderleglich, daß, um die menschliche Produktion zu steigern, man die Arbeitszeit herabsetzen und die Zahl der bezahlten Feiertage vermehren muß, und das französische Volk sieht es immer noch nicht ein. Aber wenn eine jämmerliche Verkürzung um zwei Stunden die englische Produktion um ein Drittel in zehn Jahren erhöht hat,[20] welchen schwindelnden Vormarsch würde eine gesetzliche Verringerung des Arbeitstages auf drei Stunden für die französische Produktion bedeuten? Können die Arbeiter denn nicht begreifen, daß dadurch, daß sie sich mit Arbeit überbürden, sie ihre und ihrer Nachkommenschaft Kräfte erschöpfen, daß sie, abgenutzt, vorzeitig arbeitsunfähig werden, daß sie, aufgesogen und abgestumpft von einem einzigen Laster, nicht mehr Menschen sind, sondern menschliche Wracks, daß sie alle schönen Anlagen in sich ertöten, nur um der rasenden Arbeitssucht willen?

Ach, wie arkadische Papageien plappern sie die Lektionen der Ökonomen nach: "Arbeiten wir, arbeiten wir, um den Nationalreichtum zu vermehren!" O ihr Idioten! Weil ihr zuviel arbeitet, entwickelt sich die industrielle Technik zu langsam. Laßt euer Geschrei und hört einen Ökonomen - es ist kein großes Licht, es ist nur Herr L. Reybaud, den wir glücklicherweise vor einigen Monaten verloren haben:

> "Im allgemeinen richtet sich die Revolution in den Arbeitsmethoden nach den Bedingungen der Arbeitskräfte. Solange die Arbeitskräfte ihre Dienste billig anbieten, wendet man sie im Übermaße an; werden sie teurer, so sucht man sie zu sparen."[21]

Um die Kapitalisten zu zwingen, ihre Maschinen von Holz und Eisen zu vervollkommnen, muß man die Löhne der Maschinen von Fleisch und Bein erhöhen und die Arbeitszeit derselben verringern. Beweise dafür? Man kann sie zu hunderten erbringen. In der Spinnerei wurde die automatische Spinnmaschine (selfacting mule) in Manchester erfunden und angewendet, weil die Spinner sich weigerten, solange zu arbeiten wie früher.

In Amerika bemächtigt sich die Maschine aller Zweige der Agrarproduktion, von der Butterfabrikation bis zum Getreidejäten. Warum? Weil die Amerikaner, frei und faul, lieber tausend Tode sterben möchten, als das Viehleben eines französischen Bauern zu führen. Die im glorreichen Frankreich so mühsame, mit so vielem Bücken verbundene Landarbeit ist im Westen Amerikas ein angenehmer Zeitvertreib in freier Luft, den man sitzend genießt und dabei gemächlich seine Pfeife raucht.

# IV

# Ein neues Lied, ein besseres Lied

Wenn die Herabsetzung der Arbeitszeit der gesellschaftlichen Produktion neue mechanische Kräfte zuführt, so wird die Verpflichtung der Arbeiter, ihre Produkte auch zu verzehren, eine enorme Vermehrung der Arbeitskräfte zur Folge haben. Die von ihrer Mission, Allerweltskonsument zu sein, erlöste Bourgeoisie wird nämlich schleunigst die Menge von Soldaten, Beamten, Dienern, Kupplern usw., die sie der nützlichen Arbeit entzogen hatte, damit sie ihr Konsumieren und Vergeuden helfen, freigeben - das heißt dem Arbeitsmarkt. Dieser wird, wenn alle gesellschaftlichen Kräfte ihm zugeführt werden, so überfüllt sein, daß man ein ehernes Gesetz haben muß, das die Arbeit verbietet; es wird unmöglich sein, für diesen Schwarm bisher unproduktiver Menschen Verwendung zu finden, denn sie sind zahlreicher als die Heuschrecken. Dann wird man an die denken, die für den kostspieligen und nichtsnutzigen Bedarf dieser Leute aufzukommen hatten. Wenn keine Lakaien und Generäle mehr galoniert, keine verheirateten und unverheirateten Prostituierten mehr in Spitzen eingehüllt, keine Paläste mehr eingerichtet und keine Kanonen mehr gegossen zu werden brauchen, dann wird man mittels drakonischer Gesetze die Posamentier-, Spitzen-, Eisen- usw. Arbeiter und Arbeiterinnen im Interesse der Hygiene und der Veredelung der Rasse zu Ruder- und Tanzübungen anhalten, damit sie ihre untergrabene Gesundheit wieder herstellen. Von dem Augenblick an, wo die europäischen Produkte am Ort konsumiert und nicht mehr zum Teufel geschickt werden, werden auch die Seeleute, die Lastträger und die Fuhrleute anfangen, den Daumen drehen zu lernen. Dann werden die glücklichen Südseeinsulaner sich der freien Liebe hingeben können, ohne die Fußtritte der zivilisierten Venus und die Predigten der europäischen Moral zu fürchten.

Noch mehr. Um für alle unproduktiven Kräfte der heutigen Gesellschaft Arbeit zu finden, und die immer weitere Vervollkommnung der Arbeitsmittel zu fördern, wird die Arbeiterklasse ihrem Hang zur Enthaltsamkeit, gleich der Bourgeoisie, Gewalt antun und ihre Konsumfähigkeiten unbegrenzt steigern müssen. Anstatt täglich ein oder zwei Unzen zähes Fleisch zu essen, wenn sie überhaupt welches ißt, wird sie saftige Beefsteaks von ein oder zwei Pfund essen; statt bescheiden einen schlechten Wein zu trinken, katholischer als der Papst, wird sie aus großen, bis an den Rand gefüllten Gläsern Bordeaux und Burgunder trinken, der keiner industriellen Taufe unterzogen ist, und das Wasser dem Vieh überlassen.

Die Proletarier haben sich in den Kopf gesetzt, den Kapitalisten zehn Stunden Schmiede oder Raffinerie aufzuerlegen - das ist der große Fehler, die Ursache der sozialen Gegensätze und der Bürgerkriege. Nicht auferlegen, verbieten muß man die Arbeit. Den Rothschilds, den Says wird erlaubt werden, den Beweis zu liefern, daß sie ihr ganzes Leben lang vollkommene Nichtstuer gewesen sind; und wenn sie versprechen, trotz des allgemeinen Zuges zur Arbeit, als vollkommene Nichtstuer fortzufahren, werden sie auf die Rechnung gesetzt und jeden Morgen ein 20-Francstück für ihre kleinen Vergnügungen erhalten. Die gesellschaftliche Zwietracht verschwindet. Einmal überzeugt, daß man ihnen durchaus nichts Übles antun, sondern sie nur von der Arbeit, Überkonsumenten und Verschleuderer sein zu müssen, befreien will, werden die Kapitalisten und Rentiers die ersten sein, die sich zur Partei des Volkes schlagen. Diejenigen Bourgeois, die unfähig sind, ihre Qualifikation als Nichtsnutze nachzuweisen, wird man ihren Instinkten nachgehen lassen: es existieren genügend abstoßende Berufe, um sie unterzubringen. Dufaure würde die öffentlichen Latrinen reinigen und Galliffet die räudigen Schweine und aufgeblähten Pferde abstechen, die Mitglieder des Gnadenausschusses werden, ins Gefängnis Poissy geschickt, das Vieh anmerken, das zum Schlachten reif ist, die Senatoren, die am Beerdigungspomp hängen, werden die Leichenträger spielen. Für andere wird man Berufe finden, die ihrer Intelligenz entsprechen. Lorgeril, Borglie würden Champagnerflaschen verkorken, doch wird man ihnen einen Maulkorb vorbinden, damit sie sich nicht vollsaufen. Ferry, Freycinet, Tirard würden Wanzen und Ungeziefer der Ministerien und anderer öffentlicher Häuser jagen. Allerdings müßten die letzteren außer Reichweite der Bourgeois gehalten werden, aus Angst vor ihren schlechten Gewohnheiten.

Aber bittere und lange Vergeltung wird man an den Moralisten nehmen, welche die menschliche Natur verdreht haben, an den Heuchlern, Scheinheiligen, Augenverdrehern "und dem anderen derartigen Gesindel, daß sich verstellt, um die Leute zu betrügen. Denn während sie dem einfachen Volk weismachen, sie wären mit geistlicher Betrachtung und Andacht, mit Fasten und Abkasteien beschäftigt und hielten ihr bißchen Sterblichkeit nur eben so am Leben, lassen sie es sich Gott weiß wie wohl sein, *et Curios simulant, sed bacchanalia vivunt.*[22] Das könnt ihr in großer, leuchtender Schrift von ihren roten Backen, vorausgesetzt, sie pudern sie nicht mit Schwefel, und ihren Beulenbäuchen ablesen."[23]

An den großen Volksfesten, bei denen, anstatt Staub zu schlucken, wie beim bürgerlichen 15. August oder 14. Juli, die Kommunisten und Kollektivisten die Fläschchen kreisen, die Schinken herumreichen und die Becher hochleben lassen, werden die Mitglieder der Akademie der moralischen und politischen Wissenschaften, die in Frack und Talar einherwandelnden Pfaffen der ökonomischen, katholischen, protestantischen, jüdischen, positivistischen und freidenkerischen Kirche, die Propagandisten des Malthusianismus, der christlichen, altruistischen, unabhängigen oder unterwürfigen Moral, in gelbem Kostüm die Kerzen halten, bis sie sich die Finger verbrennen; bei mit Fleisch, Früchten und Blumen beladenen Tafeln und munteren Frauen werden sie hungern, bei gefüllten Fässern dürsten. Viermal im Jahre, immer beim Wechsel der Jahreszeiten, wird man sie, wie Hunde von Scherenschleifern, in Tretmühlen zehn Stunden lang Wind mahlen lassen. Die gleiche Strafe wird über die Advokaten und Rechtsgelehrten verhängt.

Um die Zeit totzuschlagen, die uns Sekunde für Sekunde tötet, wird man im Reich der Faulheit ständig Schauspiele und Theateraufführungen veranstalten - gefundene Arbeit für unsere bürgerlichen Gesetzgeber. Man wird sie in Truppen organisieren, die auf die Dörfer und Flecken ziehen und Gesetzgebungsvorstellungen aufführen. Generäle in Reitstiefeln die Brust mit Tressen verschnürt und mit Orden und dem Kreuz der Ehrenlegion bedeckt, werden durch die Straßen laufen und die lieben Leute zum Schauen einladen. Gambetta und Cassagnac, sein Kumpan, werden vor der Bude ihre Späßchen aufführen. Cassagnac wird, als Eisenfresser kostümiert, die Augen rollen, den Schnurrbart drehen, Feuer spucken und jedermann mit der Pistole seines Vaters bedrohen, aber, sobald man ihm das Bild von Lullier zeigt, sich in ein Loch stürzen. Gambetta wird über Außenpolitik palavern, über das kleine Griechenland, das ihm was vormacht und Europa in Brand steckt, um die Türkei übers Ohr zu hauen, über das große Rußland, das ihn mit dem Salat, den es mit Preußen anzusetzen verspricht, 'um den Verstand bringt, und das Westeuropa sämtliche Plagen an den Hals wünscht, um im Osten sein Spiel zu treiben und den Nihilismus im Innern zu erdrosseln; über Herrn von Bismarck, der ihm in seiner großen Güte erlaubte, sich zur Amnestiefrage zu äußern... Dann wird er seinen speckigen, mit der Trikolore bemalten Wanst entblößen, wird die Trommel rühren und die köstlichen kleinen Tierchen, die Fettammern, die Trüffeln, die Gläser voll Margaux und Yquem aufzählen, die er hinunter gestopft hat, um die Landwirtschaft zu ermuntern und die Wähler von Belleville bei Laune zu halten.

In der Bude aber wird man zuerst die *Wahlposse* aufführen.

Vor Wählern mit Holzschädeln und Eselsohren werden Bourgeois-Kandidaten im Bajazzo-Kostüm den politischen Freiheitstanz aufführen, indem sie sich Vorder- und Rückseite mit ihren Wahlprogrammen voller Versprechungen behängen, mit Tränen in den Augen von den Leiden des Volkes und mit erzener Stimme vom Ruhm Frankreichs reden. Worauf die Köpfe der Wähler im Chor ein kräftiges Iah! Iah! brüllen.

Dann beginnt das große Schauspiel: *Der Diebstahl der Güter der Nation*:

Das kapitalistische Frankreich, ein ungeheuerliches Weib mit rauhem Gesicht und kahlem Schädel, fahler Haut und fettem, aufgedunsenem Körper, liegt gähnend mit glanzlosen Augen auf einem Sofa hingestreckt. Zu ihren Füßen verschlingt der industrielle Kapitalismus, ein Riesenorganismus von Eisen mit einer Affenmaske, mechanisch Männer, Frauen und Kinder, deren herzzerreißende Klagerufe die Luft durchdringen. Die Bank, mit Marderschnauze, Hyänenkörper und Habichtskrallen, stiehlt ihm geschickt Hundert-Sous-Stücke aus der Tasche. Ganze

Armeen elender, abgemagerter und in Lumpen gehüllter Proletarier, von Gendarmen mit blanker Klinge eskortiert, von Furien, welche sie mit der Hungerpeitsche geißeln, getrieben, bringen Haufen von Waren aller Art, Fässer Wein und ganze Säcke von Gold und Korn und legen sie dem kapitalistischen Frankreich zu Füßen. Langlois, seine Hose in der einen Hand, in der anderen das Testament Proudhons, das Budgetbuch zwischen den Zähnen, stellt sich an die Spitze der Verteidiger der Güter der Nation und zieht auf Posten. Sobald die Lasten niedergelegt sind, verjagen sie die Arbeiter mit Bajonett- und Kolbenstößen, und öffnen den Händlern, den Industriellen und Bankiers die Pforten. Im wüsten Durcheinander stürzen sich die auf die Wertobjekte, heimsen die Fabrikwaren, die Goldbarren, die Säcke Getreide ein und leeren die Fässer. Endlich können sie nicht mehr und sinken in ihren Schmutz und in ihr Erbrochenes... Da bricht das Unwetter herein, die Erde wankt in ihren Fugen - die historische Notwendigkeit tritt auf. Mit ehernem Fuß zermalmt sie die Köpfe der sich ihr in den Weg Stellenden, und mit gewaltiger Hand wirft sie das zitternde und angstschweiß-überdeckte kapitalistische Frankreich über den Haufen.

Wenn die Arbeiterklasse sich das Laster, welches sie beherrscht und ihre Natur herabwürdigt, gründlich aus dem Kopf schlagen und sich in ihrer furchtbaren Kraft erheben wird, nicht um die famosen *Menschenrechte* zu verlangen, die nur die Rechte der kapitalistischen Ausbeutung sind, nicht um das *Recht auf Arbeit* zu fordern, das nur das Recht auf Elend ist, sondern um ein ehernes Gesetz zu schmieden, das jederman verbietet, mehr als drei Stunden pro Tag zu arbeiten, so wird die alte Erde, zitternd vor Wonne, in ihrem Inneren eine neue Welt sich regen fühlen... aber wie soll man von einem durch die kapitalistische Moral korrumpierten Proletariat einen männlichen Entschluß verlangen!

Wie Christus, die leidende Verkörperung der Sklaverei des Altertums, erklimmt unser Proletariat, Männer, Frauen und Kinder, seit einem Jahrhundert den rauhen Kalvarienberg der Leiden; seit einem Jahrhundert bricht Zwangsarbeit ihre Knochen, martert ihr Fleisch, zerrütet ihre Nerven; seit einem Jahrhundert quält Hunger ihren Magen und verdummt ihr Gehirn....

O Faulheit, erbarme Du Dich des unendlichen Elends!

O Faulheit, Mutter der Künste und der edlen Tugenden, sei Du der Balsam für die Schmerzen der Menschheit!

Unsere Moralisten sind sehr bescheidene Leute. Wenn sie auch das Dogma von der Arbeit erfunden haben, so waren sie doch über den Einfluß desselben auf die Beruhigung der Seele, die Erhebung des Geistes und die gesunde Funktion der Nieren und der übrigen Organe nicht ganz im klaren: sie wollen die Sache erst einmal bei der Volksmasse probieren, das Experiment erst *in anima vili* machen, ehe sie es gegen die Kapitalisten kehren, deren Laster zu entschuldigen und gutzuheißen ihre Mission ist.

Aber Philosophen zu vier Sous das Dutzend, warum denn euer Hirn so quälen, eine Moral auszutüfteln, deren Praktizierung ihr euren Brotgebern nicht anzuraten wagt? Wollt ihr euer Dogma von der Arbeit, auf das ihr euch so viel zugute tut, verhöhnt, verdammt sehen? So schlagt die Geschichte der Alten, die Schriften ihrer Philosophen und ihrer Gesetzgeber nach:

> "Ich vermag nicht zu sagen", schreibt der Vater der Geschichte, Herodot, "ob die Griechen die Verachtung, mit der sie auf die Arbeit blicken, von den Ägyptern haben, weil ich dieselbe Verachtung bei den Thrakern, bei den Skythen, bei den Persern und den Lydern verbreitet finde; mit einem Worte, weil bei den meisten Barbaren diejenigen, welche die Handwerke erlernen, und selbst deren Nachfahren in geringerer Achtung stehen als die übrigen Bürger...; alle Griechen werden in diesen Grundsätzen erzogen, besonders die Lakedämonier."[24]

> "In Athen waren nur die Bürger wirkliche Edle, welche sich mit der Verteidigung und Verwaltung der Gemeinschaft beschäftigten, gleich den wilden Kriegern, von denen sie ihre Abstammung herleiteten.[25]

Da sie somit über ihre ganze Zeit frei verfügen mußten, um ihre intellektuelle und körperliche Kraft der Sorge für die Interessen der Republik zu widmen, so übertrugen sie alle Arbeiten den Sklaven. Ebenso durften in Lakedämon selbst die Frauen weder spinnen noch weben, um ihrem Adel keinen Abbruch zu tun."

Die Römer kannten nur zwei edle und freie Berufe: Landbau und Waffendienst. Alle Bürger lebten von Rechts wegen auf Kosten des Staatsschatzes, ohne daß sie gezwungen werden konnten, für ihren Unterhalt durch eine der *sordidae artes* ("schmutzige Künste", so nannten sie die Handwerke) aufzukommen, die von Rechts wegen den Sklaven zukamen. Als Brutus der Ältere das Volk aufwiegeln wollte, warf er Tarquinius, dem Tyrannen, namentlich vor, daß er freie Bürger zu Handwerkern und Maurern gemacht habe.[26]

Die alten Philosophen stritten sich über den Ursprung der Ideen, aber sie waren einig, wenn es galt, die Arbeit zu verabscheuen.

> "Die Natur", schreibt Plato in seiner Gesellschaftsutopie, in seiner Musterrepublik, "die Natur hat weder Schuhmacher noch Schmiede geschaffen; solche Beschäftigungen entwürdigen die Leute, die sie ausüben: niedrige Lohnarbeiter, Elende ohne Namen, die durch ihren Stand bereits von den politischen Rechten ausgeschlossen sind. Was die Händler betrifft, die an Lügen und Betrügen gewöhnt sind, so wird man sie in der Gemeinde nur als ein notwendiges Übel betrachten. Der Bürger, der sich durch Handelsgeschäfte erniedrigt, soll für dieses Vergehen bestraft werden. Wird er überführt, so soll er zu einem Jahre Gefängnis verurteilt werden. Bei jedem Rückfall ist die Strafe zu verdoppeln."

> In seiner *Ökonomik* schreibt Xenophon: "Die Leute, die sich mit Handarbeit abgeben, werden nie zu höheren Posten erhoben, und man hat recht. Gezwungen, den ganzen Tag zu sitzen, einige sogar, ein beständiges Feuer auszuhalten, werden die meisten von ihnen es nicht verhindern können, daß ihr Körper sich

verunstaltet, und es ist kaum möglich, daß das nicht auch auf den Geist zurück-
wirkt.”

> “Was kann aus einem Laden Ehrenhaftes kommen?” erklärt Cicero, “und was
> kann der Handel Ehrenvolles hervorbringen? Alles, was Laden heißt, ist eines
> ehrenhaften Mannes unwürdig..., da die Kaufleute, ohne zu lügen, nichts verdie-
> nen können; und was ist schändlicher als die Lüge? Deshalb muß das Gewerbe
> derer, die ihre Mühe und Geschicklichkeit verkaufen, als niedrig und gemein
> betrachtet werden, denn wer seine Arbeit für Geld hergibt, verkauft sich selbst
> und stellt sich auf eine Stufe mit den Sklaven.”[27]

Proletarier, die man durch das Dogma von der Arbeit verdummt hat, hört ihr die Sprache dieser
Philosophen, die man euch mit eifersüchtiger Sorge verbirgt? Ein Bürger, der seine Arbeit für
Geld hergibt, erniedrigt sich zum Rang eines Sklaven; er begeht ein Verbrechen, das jahrelanges
Gefängnis verdient.

Die christliche Heuchelei und der kapitalistische Utilitarismus hatten diese Philosophen des
Altertums noch nicht verdorben; da sie für freie Männer lehrten, so sprachen sie unbefangen
ihre Gedanken aus. Plato und

Aristoteles, diese Riesendenker, denen unsere Cousin, Caro und Simon, und wenn sie sich
auf die Fußspitzen stellen, noch nicht bis an die Knöchel reichen, wollten, daß die Bürger ihrer
Idealrepubliken die größte Muße genössen, denn, setzt Xenophon hinzu, “die Arbeit nimmt die
ganze Zeit in Anspruch und bei ihr hat man keine Zeit für die Republik und seine Freunde.”
Nach Plutarch hatte Lykurg, “der weiseste aller Menschen”, deshalb den großen Anspruch auf
die Bewunderung der Nachwelt, weil er den Bürgern der Republik Muße zusprach, indem er
ihnen die Ausübung irgendeines Handwerks untersagte.[28]

Aber, werden die Bastiat, Dupanloup, Beaulieu und Konsorten der christlichen und der kapitalistischen Moral antworten, diese Denker, diese Philosophen, predigten die Sklaverei. - Ganz
richtig, aber konnte es unter den wirtschaftlichen und politischen Verhältnissen ihrer Epoche
anders sein? Der Krieg war der normale Zustand der antiken Gesellschaften; der freie Mensch
mußte seine Zeit der Beratung der Staatsangelegenheiten und der Sorge für die Verteidigung
widmen; das Handwerk war damals zu unentwickelt und zu hart, als daß man neben seiner
Ausübung seinem Beruf als Bürger und Soldat hätte nachgehen können; um Krieger und freie
Bürger zu haben, mußten die Philosophen und Gesetzgeber in den heroischen Republiken Sklaven dulden. Aber lobpreisen nicht die Moralisten und Ökonomen des Kapitalismus die moderne
Sklaverei, das Lohnsystem? Und was sind es für Leute, denen der kapitalistische Sklave Muße
verschafft? Den Rothschild, den Schneider, den Madame Boucicault - unnütze und schädliche
Schmarotzer, Sklaven ihrer Laster und ihrer Dienstboten.

> “Das Vorurteil der Sklaverei beherrschte den Geist von Aristoteles und Pytha-
> goras”, hat man verächtlich geschrieben, und doch träumte Aristoteles: “Wenn
> jedes Werkzeug auf Geheiß oder auch vorausahnend das ihm zukommende Werk
> verrichten könnte, wie des Dädalus Kunstwerke sich von selbst bewegten, oder
> die Dreifüße des Hephästus aus eigenem Antrieb an die heilige Arbeit gingen,
> wenn so die Webeschiffe von selbst webten, so bedürfte es weder für den Werk-
> meister der Gehilfen, noch für die Herren der Sklaven.”

Der Traum des Aristoteles ist heute Wirklichkeit geworden. Unsere Maschinen verrichten feu-
rigen Atems, mit stählernen, unermüdlichen Gliedern, mit wunderbarer, unerschöpflicher Zeu-
gungskraft, gelehrig und von selbst ihre heilige Arbeit; und doch bleibt der Geist der großen
Philosophen des Kapitalismus nach wie vor beherrscht vom Vorurteil des Lohnsystems, der
schlimmsten aller Sklavereien. Sie begreifen noch nicht, daß die Maschine der Erlöser der

Menschheit ist, der Gott, der den Menschen von den *sordidae artes* und der Lohnarbeit los-
kaufen, der Gott, der ihnen Muße und Freiheit bringen wird.

# Fußnoten

1.    Descartes, Les Passions de l'âme (Die Leidenschaften der Seele).

2.    Dr. Beddoe, Memoirs of the Anthropological Society; Ch. Darwin, Descent of man.

3.    Oft sind die europäischen Forscher ganz betroffen von der körperlichen Schönheit und der stolzen Haltung der Angehörigen primitiver Völkerschaften, welche noch nicht von dem 'vergifteten Hauch der Zivilisation', um mit Pöppig zu reden, befleckt sind. Von den Ureinwohnern der australischen Inseln schreibt Lord George Campbell: "Kein Volk der Welt frappiert mehr im ersten Augenblick. Ihre ebene, kupferfarben schimmernde Haut, ihr gelocktes vergoldetes Haar, ihre schöne und anmutige Figur, mit einem Wort ihre ganze Persönlichkeit stellte ein neues und glänzendes Muster der *Gattung Mensch* dar; ihre physische Erscheinung machte den Eindruck einer der unserigen überlegenen Rasse." Mit derselben Bewunderung betrachteten die Zivilisierten des alten Rom, ein Cäsar und Tacitus, die Germanen der kommunistischen Stämme, die in das römische Reich eindrangen. Gleich Tacitus stellte *Salvian*, der der 'Lehrer der Bischöfe' genannt wurde, im 5. Jahrhundert den Zivilisierten und Christen die Barbaren als Muster hin: "Wir sind unzüchtig inmitten von Barbaren, die keuscher sind als wir. Mehr noch; die Barbaren nehmen an unserer Unzucht Anstoß. Die Goten dulden keinen Wüstling ihres Stammes unter sich; nur die Römer in ihrer Mitte haben dank dem traurigen Privilegium ihres Namens und ihrer Nationalität das Recht, unrein zu sein. (Die Päderastie war damals bei Heiden und Christen stark in Mode.) - Die Unterdrückten gehen zu den Barbaren, Menschlichkeit und Schutz zu suchen." *(Degubernatione Dei)*. Die alte Zivilisation und das aufstrebende Christentum korrumpierten die Barbaren der alten Welt geradeso, wie das altersschwache Christentum und die moderne kapitalistische Zivilisation die Wilden der neuen Welt korrumpieren. Herr F. Le Play, dessen Beobachtungstalent man anerkennen muß, selbst wenn man seine mit philanthropischer und christlicher Spießbürgerei versetzten soziologischen Schlüsse verwirft, sagt in seinem Buch *Les Ouvriers européens* (1855): "Der Hang der *Baschkiren* zur Faulheit (Baschkiren sind halbnomadische Hirten im Ural), die mit dem Nomadenleben verbundene Muße sowie die Gewohnheit des Nachdenkens, welche erstere bei den besser begabten Individuen hervorrufen, haben bei diesen Leuten oft eine Feinheit der Manieren, eine Schärfung von Intelligenz und Urteil zur Folge, wie man sie in einer höheren Zivilisation auf dem gleichen sozialen Niveau selten findet... Was ihnen am meisten zuwider ist, sind die Ackerarbeiten; sie tun eher alles andere, als daß sie sich zum Beruf des Ackerbauers entschließen." In der Tat ist der Ackerbau die erste Erscheinungsform knechtischer Arbeit in der Menschheit. Nach der biblischen Überlieferung ist der erste Kriminelle, Kain, ein Ackerbauer.

4.    Das spanische Sprichwort sagt: *Descansar es salud,* sich ausruhen ist gesund.

5.    O Melibäus, ein Gott schenkte uns diesen Müßiggang. Vergil, Bucolica. Siehe den Anhang.

6.    Matthäusevangelium, Kapitel 6.

7.    Ein Essay über Gewerbe und Handel. (Dasselbe Zitat bei Marx, Kapital Bd. I, 8. Kapitel, 5. Dort heißt es auch: "Unter den Anklägern der Arbeiter ist der grimmigste der im Text erwähnte anonyme Verfasser von 'An Essay on Trade and Commerce: containing Observations on Taxation etc.', London 1770." Und er führt einen anderen Autor mit dem Sprichwort an: "all work and no play (nur Arbeit und kein Spiel) macht dumm.")

8.    Auf dem ersten Wohltätigkeitskongreß (Brüssel 1857) erzählte ein Herr *Scrive,* einer der reichsten Manufakturisten von Marquette bei Lille, unter dem Beifall der Kongreßmitglieder und mit der Genugtuung erfüllter Pflicht: "Wir haben einige Zerstreuungsmittel für Kinder eingeführt. Wir lehren sie während der Arbeit singen, während der Arbeit zählen. Das unterhält sie und läßt sie mutig *die zwölf Stunden Arbeit antreten, welche nötig sind, um ihnen ihren Lebensunterhalt zu verschaffen."* 12 Stunden Arbeit, und welcher Arbeit! Kindern aufgebürdet, die noch nicht 12 Jahre alt sind! - Die Materialisten werden ewig bedauern, daß es keine Hölle gibt, in welche man diese Christen, diese Philanthropen, diese Henker der Kindheit spedieren kann!

9.    Rede, gehalten im Mai 1863 in der Pariser internationalen Gesellschaft für praktische sozialökonomische Studien, und veröffentlicht im *Economiste Français* desselben Jahres.

10.    L.-R. Villermé: *Ein Bild von dem physischen und moralischen Zustand der Arbeiter in den Seiden-, Wollen- und Baummllfabriken* (Tableau de l'état physique et moral des ouvriers dans les fabriques de coton, de laine et de soie, 1840). Nicht etwa weil die Dollfus, die Köchlin und andere elsässische Fabrikanten Republikaner, Patrioten und protestantische Philanthropen waren, behandelten sie ihre Arbeiter so; denn die Herren Blanqui, der Akademiker, Reybaud, der Prototyp des Jérôme Paturot, und Jules Simon, der politische Besserwisser, haben ein gleiches Wohlleben bei den Arbeitern der sehr katholischen und sehr monarchischen Fabrikanten in Lille und Lyon konstatiert. Das sind kapitalistische Tugenden, die in entzückender Weise mit jeder politischen Richtung, mit jeder Religion harmonieren. (Adolphe Blanqui, 1798-1854, liberalistischer Ökonom, Anhänger von J.-B. Say, Mitglied der Akademie der moralischen Wissenschaften, Bruder des Revolutionärs Louis Auguste Blanqui. - Jérôme Paturot, eine Romanfigur von Louis Reybaud, 1799-1879, die für den ambitionierten Ignoranten steht, der sich zu allem fähig fühlt und zu nichts taugt. - Jules Simon, s. Anm. oben.)

11.    Die Indianer der kriegerischen Stämme Brasiliens töten ihre Schwachen und Alten; sie bezeugen ihre Freundschaft, indem sie einem Leben ein Ende machen, das nicht mehr von den Kämpfen, den Festen und Tänzen erfreut wird. Alle primitiven Völker haben den ihren diesen Beweis der Zuneigung gegeben: Die Massageten des Kaspischen Meeres (Herodot). genauso wie die Wenden Deutschlands und die Kelten Galliens. In den Kirchen Schwedens bewahrte man noch vor kurzem die *Familienkeulen* genannten Keulen auf, die dazu dienten, die Eltern von der Trübsal des Alters zu erlösen. Wie sehr degeneriert sind die modernen Proletarier, daß sie das schreckliche Elend der Fabrikarbeit geduldig akzeptieren!

12.    Auf dem am 21. Februar 1879 in Berlin stattgefundenen Kongreß deutscher Industrieller schätzte man den Verlust, den allein die Eisenindustrie Deutschlands während der letzten Krisis erlitten, auf 568 Millionen Francs.

13.    Die *Justice* des Herrn Clemenceau sagte im finanziellen Teil ihrer Nummer vom 6. April 1880: "Wir haben die Meinung aussprechen hören, daß die Milliarden des Krieges von 1870, auch wenn die Preußen sie uns nicht abgenommen hätten, für Frankreich *gleichwohl verloren* gegangen wären; und zwar in der Form der von Zeit zu Zeit aufgelegten Anleihen zum Ausgleich der Budgets fremder Staaten; das ist auch unsere Ansicht." Man schätzt den Verlust, den englisches Kapital bei der Kreditvergabe an die südamerikanischen Republiken erlitten, auf fünf Milliarden -- die französischen Arbeiter haben nicht nur die an Herrn Bismarck gezahlten fünf Milliarden erarbeitet, sie müssen auch die fetten Zinsen aufbringen, welche die Verschulder des Kriegs und der Niederlage, die Olivier, die Girardin, die Bazaine und andere Besitzer von Rententiteln einstreichen. Indes bleibt ihnen ein Trost: diese Milliarden werden keinen Wiedereintreibungskrieg zur Folge haben.

14. Unter dem Ancien Regime garantierten die Gesetze der Kirche den Arbeitern 90 Ruhetage (52 Sonntage und 38 Feiertage), während deren es streng untersagt war zu arbeiten. *Das* war das große Verbrechen des Katholizismus, die Hauptursache der Irreligiosität des industriellen und handeltreibenden Bürgertums. Sobald dasselbe in der Französischen Revolution ans Ruder kam, schaffte es die Feiertage ab und ersetzte die Woche von sieben Tagen durch die zehntägige Woche. Es befreite die Arbeiter vom Kirchenjoch, um sie um so strenger unter das Joch der Arbeit zu spannen. Der Haß gegen die Feiertage macht sich erst in dem Moment bemerkbar, wo die moderne industrielle und kommerzielle Bourgeoisie auf die Bühne tritt, d.h. im 15. und 16. Jahrhundert. Heinrich IV. verlangte ihre Reduktion vom Papst; dieser schlug ihm dieselbe ab, weil "eine der Ketzereien, die heute umsichgreifen, darin besteht, die Feiertage anzurühren". (Brief des Kardinals d'Ossat.) Aber 1666 verbot Perefixe, Erzbischof von Paris, siebzehn derselben. Der Protestantismus, diese den neuen Handels- und Industriebedürfnissen der Bourgeoisie angepaßte christliche Religion, kümmert sich wenig um die Erholung des Volkes; er entthronte die Heiligen im Himmel, um ihre Feste auf Erden abschaffen zu können. Die Religionsreform und das philosophische Freidenkertum waren nichts als Vorwände, um der heuchlerischen und gierigen Bourgeoisie zu erlauben, die beim Volk beliebten Feiertage verschwinden zu lassen.

15. Diese pantagruelischen Feste dauerten Wochen. Don Rodrigo de Lara erwarb seine Braut durch Vertreibung der Mauren aus Calatrava la Vieja, und der *Romancero* erzählt: Las bodas fueron en Burgos, Las tornabodas en Salas: En bodas y tornabodas Pasaron siete semanas. Tantas vienen de las gentes, Que no caben por las plazas... (Die Hochzeit ward in Burgos, die Heimkehr von der Hochzeit in Salas gefeiert; mit Hochzeits- und Heimkehrfeier vergingen sieben Wochen; so viel Leute strömten herbei, daß die Räume sie nicht fassen konnten...) Die Männer dieser Hochzeitsfeste von sieben Wochen waren die heroischen Soldaten der Unabhängigkeitskriege.

16. Karl Marx, Das Kapital (Bd. I, 13. Kap., 6.)

17. "Die Proportion, in der die Bevölkerung eines Landes als Dienstboten der wohlhabenden Klassen beschäftigt ist, charakterisiert seinen Fortschritt im nationalen Reichtum und in der Zivilisation." R. M. Martin, *Ireland before and after the Union*, 1818. Gambetta, der die soziale Frage leugnete, seitdem er nichts weiter als der dürftige Advokat des Café Procope war, wollte ohne Zweifel von dieser ständig wachsenden Dienstbotenklasse sprechen, als er das Entstehen neuer gesellschaftlicher Schichten forderte.

18. Zwei Beispiele: Die englische Regierung mußte, um den indischen Gebieten zu gefallen, die, obwohl sie regelmäßig von Hungersnöten verwüstet werden, versessen Mohn anstelle von Reis oder Getreide anbauen, blutige Kriege unternehmen, um die chinesische Regierung zur freien Einfuhr des indischen Opiums zu zwingen. Die Wilden Polynesiens mußten sich, unbekümmert darum, daß es die Ursache ihres Aussterbens ist, englisch kleiden und auf englisch besaufen, um die Produkte der schottischen Brennereien und der Textilfabriken von Manchester zu konsumieren.

19. Paul Leroy-Beaulieu, La Question ouvrière au XIXe siècle (Die Arbeiterfrage im 19. Jahrhundert), Paris 1872.

20. Hier ist, nach dem berühmten Statistiker R. Giffen, vom Büro für Statistik in London, die stetige Steigerung des nationalen Reichtums von England und Irland: 1814 betrug er 55 Milliarden Francs 1865 betrug er 162 1/2 Milliarden Francs 1875 betrug er 212 1/2 Milliarden Francs

21. Louis Reybaud, Le coton, son régime, ses problèmes (Die Baumwolle, ihr Reich und ihre Fragen), Paris 1863.

22. Sie tun, als seien sie Curiusse, leben aber wie bei Bacchanalien, Juvenal (Satiren 2,3). (M. Curius Dentatus, römischer Feldherr des 3. Jahrhunderts, Besieger des Pyrrhus, galt wegen seiner Tugenden der Einfachheit und Unbestechlichkeit als Muster eines Römers; die Bacchusfeste waren sprichwörtlich für ihre Orgien.)

23. (Frangois Rabelais,) Gargantua und Pantagruel II, 34.

24. Herodot, Historien II 167. Trad. Larcher, 1786. (Die Lakedämonier oder Spartaner waren für den brutalen Umgang mit ihren Arbeitskräften, den Heloten, bekannt: vgl. Plutarch, Leben des Lykurg, 28. Abschnitt, wo u.a. die Sitte beschrieben ist, nach der besonders die tapfersten Heloten regelmäßig umgebracht wurden, um Aufständen vorzubeugen. Dieses Zitat, wie die folgenden aus antiken Schriftstellern, entnahm Lafargue dem ersten Kapitel des Buches 'Du Droit a L'Oisiveté et de l'organisation du travail servile dans les républiques grecques et romaine' von L.-M. MoreauChristophe, Paris 1849.)

25. Biot, De l'abolition de l'esclavage ancien en Occident (Über die Abschaffung der alten Sklaverei im Okzident) 1840.

26. Titus Livius, 1. Buch.

27. Cicero, Von den Pflichten I, 42. (Auch dieses Zitat entspricht nicht ganz dem originalen Cicero.)

28. Platon, Der Staat, Die Gesetze; Aristoteles, Politik Buch 2 und 7; Xenophon, Oikonomikos 4 und 6; Plutarch, Leben des Lykurg.